Red Teardrop
Κόκκινο δάκρυ

Pandora Lobo Estepario Productions
Publisher

Red Teardrop

By Xánath Caraza

Translated into the English by Sandra Kingery and Aaron Willsea

Translated into the Greek by Natasa Lambrou

Κόκκινο δάκρυ

Της Σάναθ Καράσα

Μετάφραση στα αγγλικά Σάντρα Κίνγκερι και Άαρον Γούλσι

Μετάφραση στα ελληνικά Νατάσα Λάμπρου

Poetry, do not forget these women.
Do not let them dissolve
into the water.

Ποίηση, μην τις ξεχνάς,
να μην διαλυθούν
με το νερό.

Copyright © 2022 Xánath Caraza
©2019 Xánath Caraza, Texto en español
©2022 Sandra Kingery Translation to English
©2022 Natasa Lambrou, Translation to Greek
©2022 English-Greek edition: Pandora Lobo Estepario Productions
©2019 Miguel López Lemus, cover image
Original Title in Spanish: Lágrima Roja

Cover image: *1492* por Miguel López Lemus©
Watercolor & Gouache on BFK paper. 8x10

All rights reserved. No part of this book may be reproduced in any manner without the express written consent of the Publisher, except in the case of brief excerpts in critical reviews or articles. All inquiries should be addressed to: Pandora Lobo Estepario Productions, 1239 N. Greenview Ave. Chicago, IL 60642

Published 2022

All rights reserved.

ISBN-10: 1-940856-46-9
ISBN-13: 978-1-940856-46-9

Library of Congress Control Number: 2022933184

Index

Introduction by Natasa Lambrou

How Many Lives?	1
Where Are You?	5
Drops of Acid.	9
Where Is Justice?	11
Girl with No Nam	15
Women of Maize	19
Bear Witness	21
In Silence	23
Half an Hour	25
On the Branches of Trees	27
Spill, Water	29
It Burns alongside Mine	31
The Lesson	33
Orlando the Furious	35
Fatal Blows	37
Online News	41
This Is Not My Mexico	43
Unexpected Lights	45
Blue-Green Movement	47
Crimson Embroidered into the Sky	49
The Skin of the City	51
The Abyss	55
Violent Speech	57
Collector of Words	59
Mare	61
Red Teardrop	63
Leave Your Trace	65
Damaged Time	67
Lilac Is My Shadow	71
Night of Mud and Fallen Leaves	73

Περιεχόμενα

Πρόλογος της Νατάσας Λάμπρου

Πόσες ζωές;	3
Πού είσαι;	7
Όξινες σταγόνες	10
Πού βρίσκεται η δικαιοσύνη;	13
Κορίτσι δίχως όνομα	17
Γυναίκες από καλαμπόκι	20
Γίνε μάρτυρας	22
Στη σιωπή	24
Μισή ώρα	26
Στα κλαδιά των δέντρων	28
Χύσου νερό	30
Φλέγεται με τη δική μου	32
Το μάθημα	34
Ορλάντο μαινόμενος	36
Η χαριστική βολή	39
Ειδήσεις του κυβερνοχώρου	42
Αυτό δεν είναι το Μεξικό μου	44
Ανέλπιστα φώτα	46
Γαλαζοπράσινη κίνηση	48
Κρεμεζί κεντημένο στον ουρανό	50
Το δέρμα της πόλης	53
Άβυσσος	56
Βίαιες ομιλίες	58
Συλλέκτρια λέξεων	60
Φοράδα	62
Κόκκινο δάκρυ	64
Αφήστε το σημάδι σας	66
Χρόνος πληγωμένος	69
Μενεξεδιά είναι η σκιά μου	72
Νύχτες με λάσπη και ξερόφυλλα	74

Introduction

"This Is Not My Mexico": The Social Context of Mexico Today

Women now make up more than half of Mexico's population (around 51%), and they work in a wide range of jobs. Generally speaking, the situation of women in today's community has changed significantly, but this does not mean that there are no problems.

Women's education has changed considerably in recent decades. The average amount of schooling has increased; university education has expanded as well. In some fields, the majority of posts are filled by women. However, in cities like Chiapas, Oaxaca, and Guerrero, the percentages haven't changed as much[1]. Along these lines, it is important to note that indigenous women suffer the highest rates of illiteracy, and they have the lowest levels of formal education.

In general, recent decades have seen changes in all aspects of life, including in the workplace. There are now more women who work outside the home than in the past. Most of them work in the service industry, but there are also women who work in manufacturing. Of course, there are women in other sectors as well, but the truth is that the presence of women in management positions continues to be small, or even minimal at times. In addition, and this is very troubling, there are women who work without remuneration. Furthermore, most women receive a lower salary than men for the same job. There are cases of women who are older and who have more schooling than their male colleagues, but they continue to receive a lower salary.

In addition to lower wages, we also see high rates of maternal death and teenage pregnancy, even in girls as young as 13 or 14 years old. It is worth mentioning that girls are now beginning to be sexually active at only 9 or 10 years of age. In healthcare centers, they register cases of 9-year-olds who are pregnant and

[1] http://www.revistas.unam.mx/index.php/rmcpys/article/view/47520/42762

12-year-old girls with sexually transmitted infections[2]. Poverty is also a factor that affects the female population more than the male population, and poverty affects health, educational opportunities, food, in other words, all aspects of daily life. All of this seems like a vicious circle: impoverished girls cannot attend school because they have to work and that affects their health and leads to more poverty and hardship.

On the other hand, violence continues to be a factor that is both real and quotidian, both in the workforce and at home. According to a survey carried out in 2017, eight of every ten women report that violence is a daily occurence[3]. This violence can be emotional (insults, threats), physical (from simple pushing or shoving to armed assault), sexual, economic, domestic, or work-related. According to the statistics, more than 4.5 million boys and girls are victims of social abuse every year; 88% of the victims are girls and women. The worst part of this is that the majority of these victims suffer the abuse inside their own homes; they are abused by family members (fathers, brothers, uncles, etc.). Teachers and priests also form part of this perverse circle of abusers.

Even though Mexico is the number one country in the world when it comes to abuse, it does not have the budget to combat this huge present-day problem. Unfortunately, the legal and judicial systems are not very flexible when it comes to abuses. Additionally, not all women (girls who are abused or mothers of the girls who are abused) want to report the abuses they suffered[4]. Too many girls who are violated die, but many of them also suffer unwanted pregnancies or other problems (psychological or the previously mentioned sexually transmitted infections). Violence toward women, especially toward minors, is a problem that is on the rise in Mexico today.

[2] http://www.revistas.unam.mx/index.php/rmcpys/article/view/47520/42762

[3] https://www.eluniversal.com.mx/entrada-de-opinion/articulo/editorial-el-universal/nacion/2017/03/8/ser-mujer-en-mexico

[4] https://espaciomex.com/politica-y-economia/mexico-primer-lugar-en-abuso-sexual-a-ninos-segun-la-ocde/

It is clear that, although, on the one hand, the position of Mexican women today has improved significantly, on the other hand, there are many sectors that need attention and reform. The fight for a life filled with respect and devoid of abuse needs more defenders.

Poetry of Pain and Memory

Caraza's collection is a canto to Mexican women, to these women who suffer so many injustices. All of the poems are hymns or lamentations that recount the situation of women today. From the first time I read it a couple of years ago (2017), I perceived this collection as a series of stories, mostly painful, told in the form of verses filled with lyricism. It seems to me that the author always has a specific story in her heart when she writes each poem.

"Morning birdsong
dictates unjust hours.

It fractures the darkness
images of chaos.

How many more lives
must we lose
every day?"

From those first verses in *Red Teardrop*, Caraza delves into the heart of the matter as she defines the situation of women in Mexico today. One of the things I love about Caraza's poetry is the repetition of verses or words, which may be echoes of pre-Columbian poetry...[5]
The title of this first poem is a question: *"How Many Lives?"* Using a question as a title seems unusual and perhaps antipoetic. Caraza often makes use of questions, rhetorical or not, to prompt her readers and make them allies in the problems of contemporary women. Lives that are lost, girls who *"from the beginning of their journeys" in life, suffer sexual* abuses, girl who will never become

[5] Repetition is very common in Nahuatl poetry because it makes memorization easier.

women, cadavers buried "*in clandestine graves.*" The poem comes to an end alongside "*a scream*" that "*suddenly goes silent,*" a very strong acoustic image.

Within the already mentioned social context, Caraza's poetry stands out because it is written by a woman, morally committed but also loving and emotional: "*Where are you, my daughter?*" asks the poet with maternal tenderness. And, in a clear reference to sexual violence: "*Is it your time? Or were you forced?*" Caraza's poetry is very direct and to the point. The verses do not allow for misunderstandings; the reader fully comprehends that the poet is talking about abuses because she names them.

Caraza, with her profound knowledge of pre-Columbian cultures and with her passion for indigenous people, always sprinkles references into her verses. The second poem, for example, refers to Xibalba, the underworld in the K'iche' Mayan culture. According to the myth, the dead enter a frightful cave, and they descend the stairway, passing through different houses, such as, for example, the Dark House; all the houses are stages of the underworld[6].

Another poem that is striking for its clear references to pre-Columbian cultures is "*Women of Maize,*" which recalls "*Men of Maize*" (1949) by Miguel Ángel Asturias (Guatemala, 1899-1974). But, first and foremost, it reminds us of the myths and legends of the Maya K'iche' people, through the obvious allusion to what we could call the sacred book of the people, the Popol-Vuh. Maize was, and continues to be, as we can verify, the most important product of Mexican culture. According to the Popol-Vuh, the gods made the first people from yellow and white maize.

There are references, which are sometimes indirect, such as, for example, the presence of La Malinche in the poem entitled "*In silence.*" La Malinche is not named in Caraza's poetry. Nevertheless, since La Malinche is the quintessential feminine figure (violated, betrayed, forced), she is the prototype of Mexican womanhood[7], with everything that that entails. We can see her in

---

[6]   The exact description of the houses of Xibalba can be found in the Popol-Vuh.

[7]   For more information about the figure of La Malinche, see Octavio Paz, *The Labyrinth of Solitude* (Chapter IV, "The

almost all of Caraza's verses:

"We are the women
who survived the brutality
that defiles our memories,
that devours our illusions
that buries our creativity.

The reference to La Malinche is obvious: La Malinche, for many Mexicans today, is the woman who defiled her people. However, for Caraza, she is the girl who was exploited, the extraordinarily intelligent survivor who had to adapt to be able to keep going, to be able to survive all the abuses, the changes in society and in world view and in everything implied by the conquest of her people. She is the woman whose life "defiles" everyone's "memories" in a way that is painful, devastating, ultimately brutal.
"We have not yet managed
to be seen as equals.
This is shameful
whether five centuries ago or today."

In her poem *"The Lesson,"* Caraza again speaks to us of the conquest (*"five centuries ago"*), comparing the past with the present in a never-ending, interminable circle. Once again, she tells us about the women who are exploited, including La Malinche, of course.

Xánath Caraza is an artist who has dedicated her time to writing politically committed verses because she wants to help, she wants people to understand the situation in Mexico. The Mayan culture and indigenous cultures in general appear as the substratum so that Caraza can weave her own picture of difficult, heartrending images, so she can recite her verses, sometimes as a scream and others in a whisper, so that she can explain to the whole world that women in Mexico are not living well. Caraza, with her resounding voice, speaks of injustice, of the abuses that Mexican women suffer. She addresses the feminicides and inhuman crimes that

---

Sons of La Malinche").

appear in the news every day. Caraza, with her voice that is simultaneously sweet and hard-hitting, is the artist who all women should read at least once in their lives.

Dialogue between Poet and Translator

While I was approaching the end of the translation process, the poet and I thought it would be a good idea to add an introduction to this bilingual edition. I already knew what I could write, given that the topic was one that interested me greatly. I prepared a short interview for Caraza, and she kindly responded. I'm not going to share the questions and answers directly. Instead, I will tell a type of story in which both the poet and I, the translator, will speak; the poet's words appear in italics.

What left the greatest impression on me and made the translation more difficult were the participles and command forms that Caraza employs extensively. I love this usage in Spanish, but it is very uncommon and difficult in Greek, especially the participles, which is a verbal form that is rarely used in Greek nowadays. However, since it seemed important, I used it liberally. Soon thereafter, when rereading the poems, I understood that these verb forms afford intensity. According to Caraza, *they create a more intense dialogue with the reader.*

Another "problem" I had were the articles that Caraza often omits. This seemed like an idiosyncrasy of the author, which I also liked. Generally speaking, I love these types of peculiarities that every artist has, because it gives them a personal flavor. In the case of the omitted articles, Caraza believes *it's the influence of English*. As I see it, they add an abruptness, a violence that is important for her verses.

Another characteristic of Caraza's poetry is the use of colors. Caraza communes with colors; she is the poet of colors. It seems logical me that a Mexican would use more colors than normal, because Mexico equals color. Caraza told me: *I like to paint words with colors, it reflects the way I experience colors. I see colors, I feel colors, I smell colors. Maybe it does come from being Mexican. However, even when I lived in Mexico, my use of color in my writings stood out.*

All the poems in this collection are painful, but they also

contain memory: *they all have a painful and unjust history*. Caraza tells us many stories of women, of girls, of people... In *"Crimson Embroidered into the Sky,"* Caraza tells me, *I make a plea for all this injustice to stop. I place myself in the shoes of the mothers who have lost their daughters, but also the children who have lost fathers and mothers. I'm in the shoes of the children who have disappeared, and those verses also contain my own loses.* This poem is very powerful. We can almost hear the screams of protest.

While these lines are being written, in my distant Chile, a "war" breaks out in which many women are lost: La Mimo, the street artist, Albertina Martínez Burgos, the photojournalist, and many others... Yesterday, when I found out about the death of Albertina, I thought "*I don't want you to fade from memory.*" I thought that this is unjust, as Xánath says. Caraza told me: *Red Teardrop is the collection that made me cry with every line that I wrote.* This made me think about how I also cried with almost every line that I translated.

So, please,

Poetry, do not forget these women.
Do not let them dissolve
into the water.

Natasa Lambrou, M.A.
Greece, November 2019

Εισαγωγή

«Αυτό δεν είναι το Μεξικό μου»: το Μεξικό σήμερα και το κοινωνικό του πλαίσιο

Στις μέρες μας ο μισός πληθυσμός του Μεξικού και παραπάνω είναι γυναίκες (περίπου το 51%) οι οποίες εργάζονται σε διάφορες θέσεις. Γενικά, η κατάσταση για τη γυναίκα στην σημερινή κοινότητα έχει αλλάξει αρκετά. Ωστόσο, αυτό δεν σημαίνει ότι δεν υπάρχουν προβλήματα. Η εκπαίδευση των γυναικών έχει αλλάξει πολύ τις τελευταίες δεκαετίες. Η μέση εκπαίδευση έχει πλέον ένα πιο υψηλό επίπεδο από πριν, το ίδιο συμβαίνει και με την πανεπιστημιακή εκπαίδευση, σε κάποιες ειδικότητες οι γυναίκες ήδη είναι περισσότερες. Παρόλ' αυτά σε πόλεις όπως η Τσιάπας, η Οαχάκα και η Γκερέρο το επίπεδο δεν έχει αλλάξει τόσο. Σε αυτό το σημείο αξίζει να αναφερθεί ότι οι γυναίκες των αυτοχθόνων πληθυσμών είναι αυτές που υποφέρουν περισσότερο από μεγάλο ποσοστό αναλφαβητισμού και επίσης έχουν χαμηλότερο μορφωτικό επίπεδο.

Γενικά μιλώντας, μεταβολές έχουν σημειωθεί σε όλους τους τομείς κατά τη διάρκεια των τελευταίων δεκαετιών, και η κατάσταση στον εργασιακό τομέα έχει αλλάξει. Οι γυναίκες που δουλεύουν εκτός σπιτιού είναι περισσότερες από πριν. Η πλειοψηφία αυτών των γυναικών εργάζονται στον τομέα των υπηρεσιών όμως υπάρχουν και γυναίκες που εργάζονται στον τομέα παραγωγής. Φυσικά, υπάρχουν και εκείνες που απασχολούνται σε άλλους τομείς, αλλά η αλήθεια εξακολουθεί να είναι ότι η γυναικεία παρουσία σε θέσεις διοικητικές είναι μικρότερη μέχρι και ελάχιστη σε κάποιες περιπτώσεις. Ωστόσο, πολύ ανησυχητικό, είναι το γεγονός πως υπάρχουν γυναίκες που δουλεύουν χωρίς αμοιβή, ενώ επίσης η πλειοψηφία των γυναικών παίρνει μισθό χαμηλότερο για να κάνει την ίδια δουλειά που κάνει ένας άντρας. Υπάρχουν περιπτώσεις γυναικών με υψηλότερη εκπαίδευση και μικρότερη ηλικία από τους άντρες συναδέλφους τους οι οποίες όμως εξακολουθούν να παίρνουν μισθό χαμηλότερο.

Πέρα απ' την κατώτερη αμοιβή, υπάρχει επίσης το θέμα με τα αυξημένα νούμερα μητρικής θνησιμότητας ή οι εγκυμοσύνες εφήβων, ηλικίας 13 ή 14 ετών. Αξίζει να σημειωθεί ότι η σεξουαλικά ενεργή ηλικία των κοριτσιών είναι πλέον η πολύ πρώιμη ηλικία των 9 ή 10 ετών. Στα Κέντρα Υγείας καταγράφονται εγκυμοσύνες σε κορίτσια 9 ετών ή κορίτσια 12 ετών με σεξουαλικώς μεταδιδόμενα νοσήματα. Η φτώχια είναι επίσης ένας παράγοντας που επηρεάζει περισσότερο τον γυναικείο απ' τον αντρικό πληθυσμό, και η φτώχεια επηρεάζει την υγεία, τις ευκαιρίες για εκπαίδευση, το φαγητό, εν τοιαύτη περιπτώσει την καθημερινή ζωή. Όλα αυτά μοιάζουν μ' ένα φαύλο κύκλο: τα φτωχά κορίτσια δεν μπορούν να πάνε στο σχολείο, πρέπει να δουλέψουν κι αυτό επηρεάζει την υγεία και προκαλεί περισσότερη φτώχια και δυστυχία.

Απ' την άλλη πλευρά, η βία εξακολουθεί να είναι ένα γεγονός πραγματικό και καθημερινό τόσο στον εργασιακό τομέας, όσο και μέσα στην οικογένεια. Σύμφωνα με μία έρευνα που πραγματοποιήθηκε το 2017, οκτώ στις δέκα γυναίκες αναφέρουν ότι η βία είναι πρόβλημα καθημερινό. Η βία μπορεί να είναι συναισθηματική (προσβολές, απειλές), σωματική (από απλές σπρωξιές, μέχρι επίθεση με όπλα), σεξουαλική, οικονομική, οικιακή ή εργασιακή. Σύμφωνα με τις στατιστικές, κάθε χρόνο πάνω από 4,5 εκατομμύρια αγόρια και κορίτσια είναι θύματα κοινωνικής κακοποίησης, 88% των θυμάτων είναι κορίτσια και γυναίκες. Το χειρότερο απ' όλα είναι ότι η πλειοψηφία των θυμάτων υποφέρουν απ' αυτές τις κακοποιήσεις μέσα στα ίδια τους τα σπίτια και οι θύτες είναι οι ίδιοι οι συγγενείς (πατεράδες, αδέρφια, θείοι κλπ.), παρ' όλα αυτά, δεν λείπουν και δάσκαλοι και παπάδες από αυτόν τον διεστραμμένο κύκλο θυτών.

Αν και το Μεξικό είναι, παγκοσμίως, η πρώτη χώρα σε κακοποιήσεις, δεν έχει τα εχέγγυα για να αγωνιστεί ενάντια σ' αυτό το μεγάλο πρόβλημα της εποχής μας. Δυστυχώς, το νομικό και δικαστικό σύστημα δεν είναι πολύ ευέλικτο σε ότι έχει σχέση με τις κακοποιήσεις. Επιπλέον, λίγες γυναίκες (κορίτσια ή μητέρες κακοποιημένων κοριτσιών) επιθυμούν να καταγγείλουν τις κακοποιήσεις που υπέστησαν. Πολλά κορίτσια που βιάστηκαν πεθαίνουν αλλά υπάρχει και ένα μεγάλο νούμερο κοριτσιών που έχουν ανεπιθύμητες εγκυμοσύνες ή άλλα προβλήματα (ψυχολογικά ή τα σεξουαλικώς μεταδιδόμενα νοσήματα που ήδη αναφέρθηκαν). Η βία προς τις γυναίκες, και ιδιαίτερα προς τα μικρά κορίτσια, είναι ένα πρόβλημα που όλο και μεγαλώνει στο

σημερινό Μεξικό.
   Είναι ξεκάθαρο ότι παρόλο που, αφενός, η θέση της μεξικάνας την σήμερον ημέρα έχει βελτιωθεί πολύ, αφετέρου, υπάρχουν πολλοί τομείς που χρειάζονται προσοχή και αναμόρφωση. Ο αγώνας για μια ζωή με σεβασμό και χωρίς κακοποιήσεις χρειάζεται περισσότερους υποστηρικτές.

Στίχοι με πόνο και μνήμη

Αυτή η συλλογή της Καράσα είναι ένα άσμα στη μεξικάνα, σ' αυτή τη γυναίκα που υποφέρει τόσες αδικίες. Όλα τα ποιήματα είναι ύμνοι ή θρήνοι που διηγούνται την κατάσταση της γυναίκας στις μέρες μας. Από την πρώτη μου ανάγνωση πριν δυο χρόνια (2017), ένιωσα αυτή τη συλλογή ως ένα σύνολο από ιστορίες, πονεμένες στην πλειοψηφία τους, η διήγηση των οποίων γίνεται σε μορφή στίχων που βρίθουν λυρισμού. Κατά την άποψή μου, η δημιουργός έχει πάντα μια συγκεκριμένη ιστορία στην καρδιά της όταν γράφει το κάθε ποίημα.
   «Το πρωινό κελάηδημα
   υπαγορεύει τις άδικες ώρες.

   Σπάζει τη σκοτεινιά
   εικόνες χάους.

   Πόσες ζωές
   ακόμη πρέπει
   να χάσουμε κάθε μέρα;»

   Απ' αυτούς τους πρώτους στίχους της συλλογής *Κόκκινο Δάκρυ* η Καράσα καθορίζει την κατάσταση της γυναίκας σήμερα στο Μεξικό όσο μπορεί καλύτερα. Στην ποίηση της Καράσα ένα από τα πράγματα που με ενθουσιάζουν είναι η επανάληψη των στίχων ή των λέξεων, απόηχος ίσως της προκολομβικής ποίησης...[8]
   Ο τίτλος αυτού του πρώτου ποιήματος είναι μια ερώτηση

---

[8] Στην ποίηση νάουατλ η επανάληψη είναι πολύ συνηθισμένη επειδή διευκολύνει την απομνημόνευση.

«*Πόσες ζωές;*», μια ερώτηση μοιάζει λίγο παράξενη και ίσως αντιποιητική ως φόρμα. Η Καράσα συχνά προστρέχει στην ερώτηση, ρητορική ή όχι, ως σχήμα λόγου, για να παροτρύνει τους αναγνώστες της και να τους κάνει μέτοχους στα προβλήματα της σύγχρονης γυναίκας. Ζωές που χάνονται αργά, κορίτσια που «*απ' την αρχή του δρόμου*» της ζωής, υποφέρουν απ' τις σεξουαλικές κακοποιήσεις, κοπέλες που δεν θα φτάσουν να γίνουν γυναίκες, πτώματα θαμμένα «*σ' ένα τάφο κρυφό*». Το ποίημα σβήνει σιγά σιγά μαζί «*με μια κραυγή*» που «*ξάφνου σωπαίνει*», μια ακουστική εικόνα πολύ δυνατή.

Μέσα στο κοινωνικό πλαίσιο που προαναφέρθηκε η ποίηση της Καράσα ξεχωρίζει επειδή είναι θηλυκή, στρατευμένη αλλά, ταυτόχρονα, στοργική και συναισθηματική: «*Πού είσαι κόρη μου;*» λέει η δημιουργός με μητρική τρυφερότητα. «*Είναι η ώρα σου; Ή σε βίασαν;*» έρχεται η ερώτηση που ξεκάθαρα αναφέρεται στην σεξουαλική βία. Η ποίηση της Καράσα είναι άμεση υπό την έννοια ότι δεν μιλάει με μισόλογα, οι στίχοι της δεν επιτρέπουν παρανοήσεις, ο αναγνώστης καταλαβαίνει πολύ καλά ότι η ποιήτρια μιλά για τις κακοποιήσεις επειδή τις ονομάζει.

Η Καράσα, με τις εκτενείς γνώσεις της για τις προκολομβικές κουλτούρες και το πάθος της για τους αυτόχθονες λαούς, πάντα αφήνει υπαινιγμούς στους στίχους της όπως στην περίπτωση του δεύτερου ποιήματος στο οποίο μιλάει για τον Σιμπαλμπά, τον Κάτω Κόσμο της κουλτούρας μάγια κιτσέ. Σύμφωνα με το μύθο, οι νεκροί μπαίνουν σε μια τρομερή σπηλιά και κατεβαίνουν απ' τις σκάλες περνώντας από διαφορετικούς οίκους, όπως, για παράδειγμα, τον σκοτεινό οίκο. Όλοι αυτοί οι οίκοι είναι τα στάδια του Κάτω Κόσμου[9].
Άλλο ποίημα που ξεχωρίζει για τις ξεκάθαρες αναφορές του στις προκολομβικές κουλτούρες είναι το «*Γυναίκες από καλαμπόκι*» που μας θυμίζει το «*Άνθρωποι από καλαμπόκι*» (1949) του Μιγκέλ Άνχελ Αστούριας (Γουατεμάλα, 1899-1974). Όμως, πάνω απ' όλα, μας θυμίζει τους μύθους και τους θρύλους της φυλής των μάγια κιτσέ, μέσω της ξεκάθαρης αναφοράς στο ιερό, θα λέγαμε, βιβλίο της φυλής, στο Πόπολ Βου. Το καλαμπόκι ήταν, και συνεχίζει να είναι, όπως μπορούμε να δούμε, το πιο σημαντικό προϊόν της ~~μεξικανικής κουλτούρας~~, σύμφωνα με το Πόπολ Βου, οι θεοί

---

[9] Την ακριβή περιγραφή των οίκων του Σιμπαλμπά μπορούμε να την βρούμε στο Πόπολ Βου.

έφτιαξαν τους πρώτους ανθρώπους από κίτρινο και άσπρο καλαμπόκι.

Υπάρχουν αναφορές όχι πάντα άμεσες όπως, για παράδειγμα, η παρουσία της Μαλίντσε στο ποίημα που τιτλοφορείται «*Στη σιωπή*». Η Μαλίντσε δεν είναι μια φιγούρα που κατονομάζεται στην ποίηση της μεξικάνας δημιουργού. Ωστόσο, επειδή αυτή η γυναίκα είναι η κατεξοχήν θηλυκή φιγούρα (που βιάστηκε, προδόθηκε, παρασύρθηκε), είναι η πεμπτουσία της μεξικάνας γυναίκας[10], με όσα αυτό συνεπάγεται, και μπορούμε να την δούμε σχεδόν σε όλους τους στίχους της Καράσα:

«Είμαστε οι επιζώντες
της βαναυσότητας
που λεκιάζει τις αναμνήσεις,
που κατατρώει την προσμονή,
που περιορίζει τη δημιουργικότητα.»

Στο ποίημά της «*Το μάθημα*» και πάλι η Καράσα μας μιλά για την κατάκτηση («*εδώ και πέντε αιώνες*») συγκρίνοντας το χθες με το σήμερα σε έναν κύκλο ανεξάντλητο και ατέρμονα και ξανά μας μιλά για τις γυναίκες που τις έχουν εκμεταλλευτεί, συμπεριλαμβανομένης και της Μαλίντσε, φυσικά.

Η Σάναθ Καράσα είναι μια δημιουργός που έχει αφιερώσει το χρόνο της στο να γράψει στίχους στρατευμένους επειδή θέλει να βοηθήσει, θέλει ο κόσμος να μάθει για την κατάσταση στο Μεξικό. Η κουλτούρα μάγια και οι αυτόχθονες κουλτούρες, εν γένει, εμφανίζονται ως υπόστρωμα ώστε η Καράσα να υφάνει το δικό της κάδρο με σκληρές και σπαρακτικές εικόνες, για να μπορεί να απαγγέλει τους στίχους της κάποιες φορές φωνάζοντας και κάποιες ψιθυρίζοντας, για να μπορεί να εξηγήσει σε όλον τον κόσμο ότι οι γυναίκες στο Μεξικό δεν ζουν καλά. Η Καράσα, με φωνή στεντόρεια, μιλά για τις αδικίες, για τις κακοποιήσεις που υποφέρουν οι μεξικάνες, σχολιάζει για τις ανθρωποκτονίες γυναικών και για τα στυγνά εγκλήματα που κάθε μέρα ανακοινώνονται στις ειδήσεις, η Καράσα, με φωνή γλυκιά αλλά και σκληρή, είναι η δημιουργός που όλες οι γυναίκες πρέπει <u>να διαβάσουν τουλάχιστον μία φορά</u> στη ζωή τους.

[10] Για περισσότερες πληροφορίες σχετικά με τη φιγούρα της Μαλίντστε μπορεί ο αναγνώστης να διαβάσει το Κεφάλαιο 4 του βιβλίου *Ο Λαβύρινθος της μοναξιάς* του Οκτάβιο Πας.

Διάλογος ανάμεσα σε ποιήτρια και μεταφράστρια

Καθώς όδευα προς το τέλος της μεταφραστικής διαδρομής, σκεφτήκαμε με την ποιήτρια ότι θα ήταν ωραίο να ενσωματώσουμε κάποιου είδους εισαγωγή σε αυτή την δίγλωσση έκδοση. Ήδη ήξερα τι μπορούσα να γράψω επειδή το θέμα με ενδιέφερε πολύ. Προετοίμασα μια συνέντευξη για την Καράσα και εκείνη ευγενικά μου απάντησε. Δεν θα σας δώσω τις ερωτήσεις και τις απαντήσεις απευθείας, αλλά ένα είδος διήγησης, κατά το οποίο μιλάμε τόσο η ποιήτρια, όσο και η μεταφράστρια, οι λέξεις της ποιήτριας είναι με πλαγιαστά γράμματα.

Αυτό που με εντυπωσίασε και με δυσκόλεψε πολύ κατά τη διάρκεια της μετάφρασης ήταν οι μετοχές και οι προστακτικές τις οποίες η Καράσα χρησιμοποιεί κατά κόρον. Με ενθουσιάζει η χρήση αυτή στα ισπανικά, αλλά στα ελληνικά είναι κάτι δύσκολο και σπάνιο, ειδικά οι μετοχές είναι ένας ρηματικός τύπος που δεν χρησιμοποιείται συχνά τα τελευταία χρόνια στα ελληνικά. Ωστόσο, επειδή μου φάνηκε σημαντικό το έκανα χωρίς να το σκεφτώ πολύ. Λίγο αργότερα, ξαναδιαβάζοντας τα ποιήματα, κατάλαβα ότι αυτοί οι ρηματικοί τύποι έδιναν μια ένταση, σύμφωνα με την Καράσα, *ανοίγουν έναν πιο έντονο διάλογο με τον αναγνώστη.*

Ένα άλλο «πρόβλημα» που αντιμετώπισα ήταν με τα άρθρα τα οποία η Καράσα σε πολλές περιπτώσεις τα παραλείπει. Έμοιαζε μια ιδιοτροπία της δημιουργού και μου άρεσε επίσης. Γενικά, με ενθουσιάζουν οι ιδιομορφίες του κάθε δημιουργού επειδή τού δίνουν ένα στίγμα προσωπικό. Στην περίπτωση των άρθρων που παραλείπονται η Καράσα θεωρεί ότι *είναι η επιρροή απ' τα αγγλικά,* ενώ κατά την άποψή μου, προσθέτουν ένα τόνο τραχύτητας, βίας που είναι σημαντική για τους στίχους της.

Άλλο χαρακτηριστικό στοιχείο της ποίησης της Καράσα είναι η χρήση των χρωμάτων, η Καράσα συνομιλεί με τα χρώματα, είναι η ποιήτρια των χρωμάτων. Μού φαίνεται λογικό μια μεξικάνα να χρησιμοποιεί περισσότερα χρώματα απ' το συνηθισμένο, το Μεξικό είναι χρώμα. Η Καράσα μου είπε: *μου αρέσει να ζωγραφίζω τις λέξεις με τα χρώματα, αντικατοπτρίζει το πώς νοιώθω τα χρώματα, βλέπω τα χρώματα, αισθάνομαι τα χρώματα, μυρίζω τα χρώματα. Ίσως είναι επιρροή απ' την* μεξικανικότητά μου ωστόσο ακόμη και όταν ζούσα στο Μεξικό η χρήση του χρώματος στην λογοτεχνία μου ξεχώριζε.

Όλα τα ποιήματα αυτής της συλλογής είναι πονεμένα αλλά έχουν και μνήμη, *όλα έχουν μια πονεμένη και άδικη ιστορία.* Η Καράσα μας διηγείται πολλές ιστορίες γυναικών, κοριτσιών, ατόμων... Στο *«Κρεμεζί κεντημένο στον ουρανό»*, μου λέει η Καράσα, κάνω μια ικεσία να σταματήσει τόση αδικία. *Μπαίνω στη θέση των μανάδων που έχουν χάσει κόρες, αλλά και στη θέση των γιων που έχουν χάσει πατεράδες ή μανάδες. Στη θέση των εξαφανισμένων παιδιών και επιπλέον μέσα σε αυτούς τους στίχους βρίσκονται και οι δικιές μου απώλειες.* Αυτό το ποίημα είναι πολύ δυνατό, σχεδόν ακούγονται οι κραυγές διαμαρτυρίας.

Ενώ γράφονται αυτές οι γραμμές, στην μακρινή μου Χιλή ξεσπά ένας «πόλεμος» στον οποίο χάνονται πολλές γυναίκες, η Λα Μίμο, η καλλιτέχνης του δρόμου, η Αλμπερτίνα Μαρτίνες Μπούργος, η φωτορεπόρτερ και πολλές άλλες... Χθες, όταν έμαθα για την είδηση του θανάτου της Αλμπερτίνα σκέφτηκα ότι *«Δε θέλω να ξεθωριάσουν απ' τη μνήμη»*, σκέφτηκα ότι αυτό δεν είναι δίκαιο όπως λέει η Σάναθ. Η Καράσα μου είπε: *Μέχρι σήμερα, το Κόκκινο δάκρυ είναι η συλλογή με την οποία έκλαψα κάθε γραμμή που έγραψα.* Και σκέφτηκα ότι κι εγώ επίσης έκλαψα με κάθε γραμμή που μετέφρασα.

Λοιπόν, σε παρακαλώ,

**Ποίηση, μην τις ξεχνάς,
να μην διαλυθούν
με το νερό.**

Νατάσα Λάμπρου
Ελλάδα,
Νοέμβριος του 2019

Red Teardrop

Κόκκινο δάκρυ

How Many Lives?

Morning birdsong
dictates unjust hours.

It fractures the darkness
images of chaos.

How many more lives
must we lose
every day?

Girls snatched
from the beginning of their journeys
absorbed by silence,
forced, frozen.

How many teardrops
in the palms
of our hands
will make the river overflow?

Currents of fleeting memories,
tender lives,
whirlpools of injustice
surround us.

Nonexistent lives
bombard
the chilling birdsong
of first light.

Could it be that
the screeching of metals
will determine
new lamentations?

How many lives
will be lost before morning?

Violent hand:

stop!

Where is the other one?

The hand that is creative
the one that finds
the color of dawn.
The one that captures
letters on the page.

How many more lives?

Feminine
silhouettes
vanish.

Another body
becomes one with the
blistering sand
of the desert.

A clandestine grave,
and a scream
that suddenly
goes silent.

Πόσες ζωές;

Το πρωινό κελάηδημα
υπαγορεύει τις άδικες ώρες.
Σπάζει τη σκοτεινιά
εικόνες χάους.

Πόσες ακόμα ζωές
πρέπει να χάσουμε
κάθε μέρα;

Κορίτσια αρπαγμένα
απ' την αρχή του δρόμου
απορροφημένες από μια ψυχρή
σιωπή, βιασμένη.

Πόσα δάκρια
στις παλάμες
των χεριών
θα ξεχειλίσουν την κοίτη;

Ποταμοί εφήμερων αναμνήσεων,
τρυφερές ζωές,
στρόβιλοι αδικίας
στον περίγυρό μας.

Ζωές ανύπαρκτες
βομβαρδίζουν
το αγχώδες κελάηδημα
της αυγής.

Είναι τάχα ο στριγκός ήχος
των μετάλλων
αυτός που θα καθορίσει
τους νέους θρήνους;

Πόσες ζωές πριν
το χάραμα θα χαθούν;

Παλάμη βίαιη:

σταμάτα!

Πού είναι η άλλη;

Η δημιουργός
αυτή που βρίσκει
το χρώμα στην αυγή.
Αυτή που απεικονίζει τα
γράμματα στις σελίδες.

Πόσες ζωές ακόμα;

Θηλυκές
σιλουέτες
εξαφανίζονται.

Ένα κορμί ακόμα
ενσωματώνεται στην
φλογερή άμμο
της ερήμου.

Σ' ένα τάφο
κρυφό,
μια κραυγή
ξάφνου
σωπαίνει.

Where Are You?

Where are you, my daughter?

Absorbed by the desert
long black hair
guides me to you.

It floats through the air
releasing the scent of flowers.

Your name is erased
from the earth.

Hija mía: where are you?

Swallowed by the water
beneath the ground.

Xibalba invites you in.

Is it your time?
Or were you forced?

Woman: where are you?

Torn from the border.

Woman of Juárez.

Woman of Veracruz.

Woman of Central America.

Woman of the sea.

Ocean currents drag you
filling your body with seashells.

Your blood nourishes the earth.
Your eyes see only darkness.

Lost in silence,
uncertain destiny.

Where are you?

Πού είσαι;

Πού είσαι, κόρη μου;

Απορροφημένη απ' την έρημο
μακριά μαύρη κόμη
σε σένα μ' οδηγεί.

Επιπλέει στον αέρα,
αφήνει άρωμα λουλουδιών.

Το όνομά σου απ' τη γη
σβήνεται.

Κόρη μου, πού είσαι;

Σε κατάπιε το νερό
κάτω απ' τη γη.

Ο Σιμπαλμπά σε προσκαλεί να μπεις.

Είναι η ώρα σου;
Ή σε βίασαν;

Πού είσαι, γυναίκα;

Ξεριζωμένη απ' τα σύνορα.

Γυναίκα του Χουάρες.

Γυναίκα της Βερακρούς.

Γυναίκα της Κεντρικής Αμερικής.

Γυναίκα της θάλασσας.

Το ρεύμα σε παρασέρνει,
γεμίζει το κορμί σου κοχύλια.

Το αίμα σου τρέφει τη γη.
Τα μάτια σου μόνο σκοτάδι βλέπουν.

Στη σιωπή χαμένη,
αβέβαιη μοίρα.

Πού είσαι;

Drops of Acid

Like a lightning bolt
to the back
the words flow.

I capture
anguished moans
in my hands

and a cold blow
reminds me of
my dead.

The disappeared women.

The clandestine
cadavers.

The secret graves.

The women lost
in tropical lands.

Green lemons.
Yellow lemons.

Lemons
saturated with blood.

With drops of acid

that fill
the women who are gagged.

The ones who are forced
to chew on dust.

Όξινες σταγόνες

Σαν μια ακτίνα ηλεκτρική
στην πλάτη
οι λέξεις ρέουν.

Φυλακίζω ανάμεσα
στα χέρια μου
τ' αναφιλητά

κι μια ριπή κρύα
μου θυμίζει
τις νεκρές μου.

Οι εξαφανισμένες.

Τα κρυμμένα
πτώματα.

Οι μυστικοί τάφοι.

Οι χαμένες
σε γη τροπική.

Λεμόνια πράσινα.
Λεμόνια κίτρινα.

Λεμόνια
γεμάτα από αίμα.

Με όξινες σταγόνες

γεμάτες είναι
οι φιμωμένες.

Οι βιασμένες
να φάνε σκόνη.

Where Is Justice?

I paint fear blue
and the world opens up.

Blocked paths
strive to overthrow evil.

Heavy breath
expands among the people.

There are no elegant words
nor golden dawns.

Agitated demons
with white tongues

expel blue flames,
they strike those who are different.

They devour the innocent
mercilessly.

Fury of the masses,
uncontained tsunami.

Where is justice?

And where the poetry?

Submerged amidst
blue clouds
bodies and hands.

Feet cross
the fields.

Blue venom
expands.

Where is justice?

And where the poetry?

Πού βρίσκεται η δικαιοσύνη;

Χρωματίζω με γαλάζιο τους φόβους
κι ο κόσμος ανοίγει.

Οι δρόμοι αποκλεισμένοι
θέλουν ν' ανατρέψουν την κακία.

Ανάσα βαριά
εξαπλώνεται ανάμεσα στον κόσμο.

Δεν υπάρχουν όμορφες λέξεις
μήτε χρυσαφένια δειλινά.

Δαίμονες βίαιοι
με γλώσσες άσπρες

αποβάλλουν φλόγα γαλάζια,
χτυπούν τους διαφορετικούς.

Καταβροχθίζουν τους αθώους
δίχως οίκτο.

Μανία των μαζών,
τσουνάμι ασταμάτητο.

Πού βρίσκεται η δικαιοσύνη;

Πού η ποίηση;

Βυθισμένοι ανάμεσα
σε γαλάζια σύννεφα
σώματα και χέρια.

Τα πόδια διατρέχουν
τους κάμπους.

Το γαλάζιο δηλητήριο
εξαπλώνεται.

Πού βρίσκεται η δικαιοσύνη;

Πού η ποίηση;

Girl with No Name

Direct blow
to the chest

one more victim
girl with no name.

Daughters snatched
off the streets!

You moan in the
shadows

your body
abused.

Girl with no name
on cobblestone streets.

Your innocence
turned to rain.

Your flesh slashed
by the wind.

Your insides
ravaged.

Who prevents you from getting justice?

Who prevents your healing?

Silent tears
of blood
trickle down.

They overflow
carmine-colored

rivers.

They cover the streets!

So many anonymous voices!

Κορίτσι δίχως όνομα

Εύστοχο χτύπημα
στο στήθος

ένα ακόμη θύμα
κορίτσι δίχως όνομα.

Κόρες που τις άρπαξαν
απ' τα μονοπάτια!

Θρηνείς στο
σκοτάδι

για την κακοποίηση
του σώματός σου.

Κορίτσι δίχως όνομα
στους πλακόστρωτους δρόμους.

Η αθωότητα
ήταν βροχή.

Η σάρκα σου κομματιασμένη
απ' τον αγέρα.

Τα σπλάχνα σου
ξεσκισμένα.

Ποιος γίνεται εμπόδιο δικαιοσύνης για σένα;

Ποιος γίνεται εμπόδιο στη γιατρειά σου;

Ξεγλιστρούν τα
σιωπηλά δάκρυα
από αίμα.

Ξεχειλίζουν
τα κρεμεζί

ποτάμια.

Καλύπτουν τους δρόμους!

Πόσες φωνές ανώνυμες!

Women of Maize

When the ground opens up
your daughters cry.

Where are you, women
of maize?

Silence swallows you.
You are broken inside.

Fragility beaten,
flesh bruised.

Aspirations
ripped asunder,

you are blamed despite
the injustice.

What unrestrained desires
have surpassed the limits?

Warrior girls:
return to life
in the womb
of mother earth.

Γυναίκες από καλαμπόκι

Όταν η γη ανοίγει
οι κόρες σου κλαίνε.

Πού είναι οι γυναίκες
από καλαμπόκι;

Η σιωπή τις καταπίνει.
Διαλυμένες από μέσα.

Η ευαισθησία χτυπημένη,
το δέρμα δαγκωμένο.

Ξεσκισμένοι
οι πόθοι,

σημαδεμένες παρά
την αδικία.

Τι πόθοι ανεξέλεγκτοι
έχουν ξεπεράσει τα όρια;

Κορίτσια πολεμίστριες,
ξαναγεννηθείτε
στη μήτρα
της μάνας γης.

Bear Witness

Obsessive amber light
filters through the rain.

Amber light:
leave your mark upon my skin.

Bear witness to the days
and lamentations.

Bear witness to the singing
of the birds.

Early morning light:
accompany me
every minute
of my existence.

Bear witness to
the events around me.

See all that my gaze
is unable to discern.

Daughters snatched from their journeys!

Female steps
erased from the earth.

There is no trace in
the vehicles
that absorbed
the screams
of desperation.

Bear witness, amber light.

Γίνε μάρτυρας

Το κεχριμπαρένιο φως, δημιουργεί ενοχές
περνά μέσα απ' τη βροχή.

Κεχριμπαρένιο φως,
άσε τα ίχνη σου στο δέρμα.

Γίνε μάρτυρας των ημερών
και των θρήνων.

Γίνε μάρτυρας του άσματος
των πουλιών.

Συντρόφευσέ με,
φως της χαραυγής,
κάθε λεπτό
της ύπαρξής μου.

Γίνε μάρτυρας αυτού
που συμβαίνει γύρω μου.

Δες αυτό που δεν φτάνει
να ξεχωρίσει η ματιά.

Κόρες αρπαγμένες απ' τα σοκάκια!

Γυναικεία βήματα
σβησμένα απ' τη λάσπη.

Δεν υπάρχουν χνάρια
στ' αυτοκίνητα
που απορρόφησαν
τις κραυγές
της απελπισίας.

Γίνε μάρτυρας, κεχριμπαρένιο φως.

In Silence

The sound of metal
intones this
sorrowful song
of damp earth
of furious seas
of dismembered arms.

We are the women
who survived the brutality
that defiles our memories,
that devours our illusions
that buries our creativity.

The ones who walk in silence
and in pain
rebelling
relentlessly
even though
they sliced off
both our breasts.

Στη σιωπή

Το κελάηδημα των μετάλλων
δίνει τόνο σ' αυτό
το λυπητερό τραγούδι
υγρής γης,
οργισμένης θάλασσας,
μπράτσων διαμελισμένων.

Είμαστε οι επιζώντες
της βαναυσότητας
που λεκιάζει τις αναμνήσεις,
που καταβροχθίζει την προσμονή,
που περιορίζει τη δημιουργικότητα.

Κείνες που με πόνο
περπατάμε στη σιωπή
επαναστατώντας
δίχως να σταματάμε
παρότι
μας έκοψαν
και τα δυο στήθη.

Half an Hour

for Eli

These lines were made
by working hands.

By machines, gears,
and steel dowels.

Only half an hour
to dream each day.

A woman's hands
can never stop.

Life within
factories,

amidst the smoke of
the maquiladoras

with only half an hour
to dream.

Μισή ώρα

για την Έλλη

Από χέρια εργατικά
είναι φτιαγμένες οι γραμμές αυτές.

Από μηχανές, γρανάζια
και βελόνες από ατσάλι.

Μονάχα μισή ώρα
για να ονειρευτείς κάθε μέρα.

Δεν πρέπει να σταματούν
τα γυναικεία χέρια.

Ζωή στη μέση
των εργοστασίων,

ανάμεσα στον καπνό
των υφαντουργείων

με μονάχα μισή ώρα
για να ονειρευτείς.

On the Branches of Trees

She crosses to
achieve her dream.

Material dream?
Disposable dream?
Dream that I dream?

Do I dream?

On the branches of trees.
In savings accounts.
In a house with a white picket fence.
In university classrooms.

A dream
crosses
a dream
a dream
it crosses.

Στα κλαδιά των δέντρων

Διασχίζει για να
πιάσει το όνειρό της.

Όνειρο υλικό;
Όνειρο αναλώσιμο;
Όνειρο που ονειρεύομαι;

Ονειρεύομαι;

Στα κλαδιά των δέντρων.
Στους λογαριασμούς της τράπεζας.
Σ' ένα σπίτι με λευκό φράχτη.
Στις πανεπιστημιακές αίθουσες.

Διασχίζει
ένα όνειρο
ένα όνειρο
ένα όνειρο
διασχίζει.

Spill, Water

for the victims of the night of May 21-22, 2016,
in Xalapa, Veracruz, Mexico

Green morning:
where are you?

Bloody images,
corpses color the streets,
metallic rain soaks their skin.

Unbridled fury
bathes the unsuspecting,
it defiles youth
on the pavement.

Unjust red stains.

The blades of the knives
have penetrated their hearts,
tearing young flesh.

The alleyways turn dark.

Crystalline morning:
recover your bearings.
Shine once again,
sanctify those who have gone.

Inscribe this day for
those who remain.
Do not silence any more voices,
invoke the ancestral songs.

Fill their gazes with flowers.
Spill, water, onto the streets,
stop the blood from flowing
and the screams of desperation.

Ξεχύσου, νερό

για τα θύματα της νύχτας ανάμεσα στις 21-22 Μαΐου 2016
στην Σαλάπα, Βερακρούς, Μεξικό

Πράσινο πρωινό
πού είσαι;

Αιμοσταγείς εικόνες,
πτώματα βάφουν τους δρόμους,
μεταλλική βροχή μουσκεύει το δέρμα.

Η αφηνιασμένη μανία
ξεπλένει τους αφελείς,
νεότητα σπάει
στο πλακόστρωτο.

Ίχνη κόκκινα αδικαιολόγητα.

Οι κόψεις των στιλέτων
διαπέρασαν τις καρδιές,
ξέσκισαν το νεαρό δέρμα.

Τα μονοπάτια σκοτεινιάζουν.

Κρυστάλλινο πρωινό
ανάκτησε τον ρυθμό σου.
Λάμψε μια φορά ακόμα,
ευλόγησε αυτούς που έχουν φύγει.

Βάψε με μελάνι αυτή τη μέρα
γι' αυτούς που μένουν.
Μην σωπαίνεις άλλες φωνές,
επικαλέσου τα προγονικά άσματα.

Γέμισε με άνθη τις ματιές.
Ξεχύσου, νερό, στους δρόμους,
να μην τρέξει άλλο αίμα
μήτε κραυγές απελπισίας.

It Burns alongside Mine

Amidst sounds of silence
I remember you and more silence.

The news says
that your land
burns alongside mine.

That my dead women
are your dead women.
That your hand will never
touch mine.

That this injustice
we carry inside
was our safe haven.

Today bleeds abductions.
Blisters of anguish
flow through our veins.

Φλέγεται με τη δική μου

Ανάμεσα σε ήχους σιωπής
σε θυμάμαι και ξανά σιωπή.

Τα νέα στις εφημερίδες
λένε ότι η γεωγραφία σου
φλέγεται με τη δική μου.

Ότι οι νεκρές μου
είναι οι νεκρές σου.
Ότι το χέρι σου ποτέ
δεν θ' αγγίξει το δικό μου.

Ότι αυτή η αδικία
που έχουμε μέσα μας
ήταν το καταφύγιό μας.

Σήμερα, αιμορραγεί απαγωγές.
Φυσαλίδες άγχους
ρέουν στις αρτηρίες.

The Lesson
for the 19 women burned alive on June 2nd, 2016

Nineteen women
burned alive
in the middle of a plaza,
I am left speechless.

We have not yet managed
to be seen as equals.
This is shameful
whether five centuries ago or today.

The ironic question:
which is better?

Disappearing us one by one
in silence until finally
so many women are missing
that they begin to notice us?

Or, like this, burning
nineteen of us together
because they cannot control us
and want to teach us a lesson?

I cannot imagine the stench of
human flesh, burning,
fueling the fire
with their names.

Or the cries of pain.

World: is it that
we are blind?

Or:

have we failed to learn the lesson?

Το μάθημα
για τις 19 γυναίκες που κάηκαν ζωντανές στις 2 Ιουνίου το 2016

Κάηκαν ζωντανές
δεκαεννιά γυναίκες
στο κέντρο μιας πλατείας,
μ' αφήνει δίχως λόγια.

Δεν έχουμε καταφέρει
να μας βλέπουν ως ίδιες.
Μήτε εδώ και πέντε αιώνες
μήτε σήμερα είναι μια αξιέπαινη πράξη.

Η ειρωνική ερώτηση
Τι είναι καλύτερο;

Να εξαφανιστούμε μία προς μία
στη σιωπή ώσπου να
είμαστε τόσες οι απούσες
που να αρχίσουμε να φαινόμαστε;

Ή, έτσι, να καούμε
κι οι δεκαεννιά μαζί
επειδή δεν μπόρεσαν να μας λυγίσουν
και να μας δώσουν ένα μάθημα;

Δεν μπορώ να φανταστώ τη μυρωδιά
καμένου δέρματος στις φλόγες
σα να τρέφουν τη φωτιά
με τα ονόματά τους.

Μήτε τις κραυγές πόνου.

Τάχα είμαστε
τυφλοί, κόσμε;

ή

δεν μαθαίνουμε το μάθημά μας;

Orlando the Furious

for the victims of Pulse Nightclub

This is no time for
pointless jokes.

The color of blood
covers many streets.

Young lives are
lost in the rhythm

of the music,
in the flashing lights

until darkness
devours them.

It swallows them whole
like a storybook monster.

Orphaned families, mothers
without children to embrace.

Young lives broken,
intertwined with pain.

Pointless losses
that affect us all.

Orlando the Furious,
that should be your name.

Ορλάντο μαινόμενος

για τα θύματα του κλαμπ Παλς

Δεν είναι καιροί αυτοί για
περιττά αστεία.

Το χρώμα του αίματος
καλύπτει πολλούς δρόμους.

Νέες ζωές
χάνονται με το ρυθμό

της μουσικής,
με τα φωτορυθμικά

μέχρι που το σκοτάδι
τους καταβροχθίζει.

Τους καταπίνει ξαφνικά
σαν τέρας απ' τα παιδικά χρόνια.

Οικογένειες ορφανές, μανάδες
δίχως παιδιά ν' αγκαλιάσουν.

Νέες ζωές διαλυμένες,
ανάκατες με πόνο.

Απώλειες περιττές
που μας επηρεάζουν όλους.

Ορλάντο μαινόμενο
θα έπρεπε να σε λένε.

Fatal Blows

Septic tank,
kidnapped children,
six months.

Disappeared
750-odd days,
ears cut off.

Marks of
the noose on
her cadaver.

Abducted from her
car by men
she did not know.

A mother tracking
her abducted daughter
discovers her remains.

Snatched from a store
by a commando of men
dressed in black.

Female migrants
disappeared
from the streets.

Found lifeless in
the trunk of a car,
unidentified.

More than 450 bodies
burned
in clandestine graves.

Raped, dismembered,

hands tied,
gagged.

Bones burned,
a piece of cloth,
a missing finger.

Two women from
Colonia Bugambilias,
bodies without heads.

Executed in front of her father.

Taken from church
in the middle of a baptism.

Two bodies,
bullets to their heads,
found alongside a river.

Η χαριστική βολή

Τάφος σηπτικός,
παιδιά απαχθέντα,
έξι μήνες.

750 και κάτι μέρες
εξαφανισμένη,
κομμένοι λοβοί.

Σημάδια απ'
τα σκοινιά στο
πτώμα της.

Αρπαγμένη απ' τα
αυτοκίνητό της από άνδρες
άγνωστους.

Η μητέρα ανιχνεύοντας
βρίσκει απομεινάρια της
κόρης που άρπαξαν.

Βγαλμένη από ένα μαγαζί
με μια εντολή των
ανδρών με τα μαύρα.

Μετανάστριες
εξαφανισμένες
στο δρόμο.

Βρέθηκε σ' ένα
πορτμπαγκάζ δίχως ζωή,
αγνώστου ταυτότητας.

Πάνω από 450 πτώματα
καμένα
σε τάφους κρυφούς.

Βιασμένη, τεμαχισμένη,

χέρια δεμένα,
φιμωμένη.

Κόκαλα καμένα,
κομμάτι ύφασμα,
ένα δάχτυλο που λείπει.

Αυτές απ' την αποικία
Βουκαμβίλιες,
δυο κορμιά δίχως κεφάλι.

Θανατωμένη μπρος στον πατέρα της.

Την πήραν απ' την εκκλησία
κατά τη διάρκεια μιας βάφτισης.

Δυο κορμιά βρέθηκαν
με την χαριστική βολή
στην όχθη του ποταμού.

Online News

What is left for us on this wounded earth
torn apart by greed?

Today was not the first blow, nor yesterday.
There have been centuries of oppression.
The green earth,
possessed by only a few.

Respecting the individuality
of the original peoples.
Including them in decision making.
Learning from them unreservedly.

Longstanding traditions in the cities,
powerful groups in control.
Dismantling them and including them
into a new paradigm.

But greed knows no limits.
The killings are repeated.
Online news
opens the door to horror.

Ειδήσεις του κυβερνοχώρου

Τι μας μένει σ' αυτή τη γη την πονεμένη,
τη ραγισμένη απ' την πλεονεξία;

Δεν είναι σήμερα, δεν ήταν χθες το πρώτο χτύπημα.
Έχουν περάσει αιώνες καταπίεσης.
Την πράσινη γη
την κατέχουν λίγοι.

Να σέβεσαι την ατομικότητα
των γηγενών λαών.
Να ενσωματωθούν στη λήψη αποφάσεων.
Να μαθαίνεις απ' αυτούς δίχως αμφιβολία.

Παλιές παραδόσεις στις πόλεις
αμάδες ισχύος στον έλεγχο.
Η διάλυση και η ενσωμάτωσή τους
σ' ένα νέο παράδειγμα.

Μα η πλεονεξία όρια δεν έχει.
Οι σκοτωμοί επαναλαμβάνονται.
Οι ειδήσεις του κυβερνοχώρου
ανοίγουν την πόρτα στον τρόμο.

This Is Not My Mexico

One by one they are
disappeared.

Other times
it's entire villages.

A relative disappears.
Peace is lost.

Noises in the night
steal sleep.

Mutilated bodies
on highways.

Threatening
phone calls.

The footsteps continue,
they enter the houses.

This is not my Mexico.
Someone has taken it hostage.

Αυτό δεν είναι το Μεξικό μου

Ένας προς έναν σιγά σιγά
εξαφανίζονται.

Κάποιες φορές
είναι χωριά ολάκερα.

Ένας συγγενής εξαφανίζεται.
Η ηρεμία χάνεται.

Θόρυβοι νυχτερινοί
κλέβουν τον ύπνο.

Τα κορμιά ακρωτηριασμένα
στις λεωφόρους.

Απειλητικά
τηλεφωνήματα.

Τα βήματα συνεχίζουν,
μπαίνουν στα σπίτια.

Αυτό δεν είναι το Μεξικό μου.
Κάποιος το έχει απαγάγει.

Unexpected Lights

Unexpected lights, red and blue,
find their way in through the balconies.

The dark bedroom is illuminated.
It bathes me, my eyes open.

The sound of voices,
high-pitched tones predominate.

First light fails to bring
the rooster's crow.

Intermittent cries
take its place.

Unnatural awakening,
alarm on the streets.

Dark labyrinth
of lost tempers.

The siren sounds as
shots ring out.

Peaceful morning,
you fade away.

Ανέλπιστα φώτα

Ανέλπιστα φώτα κόκκινα και γαλάζια
μπαίνουν απ' τα μπαλκόνια.

Το σκοτεινό δωμάτιο φωτίζεται.
Με λούζει, τα μάτια ανοίγουν.

Θόρυβος από φωνές,
ξεχωρίζουν οι ψιλοί τόνοι.

Δεν φτάνει το τραγούδι του πετεινού
με το πρώτο φως.

Στη θέση τους
φωνές που τρεμοπαίζουν

Ξύπνημα τεχνητό
συναγερμός στους δρόμους.

Σκοτεινός λαβύρινθος
χαμένης διάθεσης.

Η σειρήνα ηχεί μαζί
με τις σφαίρες.

Ειρηνικό πρωινό,
εξαφανίζεσαι.

Blue-Green Movement

Constant rhythm of fluttering wings
before my window,
a brief greeting and the scent of honey
blue-green movement fills
my view this morning
in the midst of chaos.

Γαλαζοπράσινη κίνηση

Σταθερός ρυθμός φτεροκοπά
μπροστά απ' το παράθυρο,
φευγαλέος χαιρετισμός με μυρωδιά από μέλι
γαλαζοπράσινη κίνηση γεμίζει
τη ματιά το πρωινό τούτο
στη μέση του χάους.

Crimson Embroidered into the Sky

Natural springs spill over with liquid amber.
The undulating evening is saturated
by warbling melodies.

Blood sprouts from the earth
and stains the twilight sky.

Emotions collide,
unbearable pain.

Sing, divine justice,
take shape among us,
bring salvation to your daughters.

Here and there,
near and far,
inside and out,
that is where we need you.

No more deaths of innocent women.
No more deaths of the hungry masses.
No more children fleeing death.
No more women disappeared.
No more parents swallowed by darkness.

How can one live with crimson embroidered into the sky?
How can one walk the paths bathed by blood?
How can one write with hands wracked with pain?
How can I sing with sorrow spilling from my lips?

Liquid love,
heart of gold,
bury yourself in my soul,
wash away this violent night.

Κρεμεζί κεντημένο στον ουρανό

Από κεχριμπάρι υγρό η πηγή ξεχειλίζει.
Το κυματιστό απόγευμα γεμίζει
από ρυθμικές μελωδίες.

Το αίμα αναβλύζει απ' τη γη
και λεκιάζει τον ουρανό του δειλινού.

Συγκρούονται τα συναισθήματα
αβάσταχτος πόνος.

Τραγούδα, δικαιοσύνη θεϊκή,
φανερώσου ανάμεσά μας,
σώσε τις κόρες σου.

Εκεί, εδώ,
κοντά και μακριά,
μέσα κι έξω είναι
που σε χρειαζόμαστε.

Όχι άλλοι θάνατοι αθώων γυναικών.
Όχι άλλοι θάνατοι ανθρώπων πεινασμένων.
Όχι άλλα παιδιά που τρέχουν να ξεφύγουν απ' το θάνατο.
Όχι άλλες γυναίκες εξαφανισμένες.
Όχι άλλοι γονείς που τους κατάπιε το σκοτάδι.

Πώς να ζήσω με το κρεμεζί κεντημένο στον ουρανό;
Πώς να περπατήσω με βήματα καλυμμένα από αίμα;
Πώς να γράψω με τα χέρια πονεμένα;
Πώς να τραγουδήσω αν απ' τα χείλη μου στάζει πόνος;

Υγρή αγάπη,
καρδιά χρυσαφένια,
θάψου στην ψυχή μου,
ξεκάρφωσε αυτή την βίαιη νύχτα.

The Skin of the City

The grinding of metal
bears witness to our
thoughts,
silent breeze.

Between motors,
an agitated chirping
can be heard.

The damp earth
is the way forward.

Two worlds vibrate,
two hearts beat.

I observe in silence
the pulsations of other women.

Early morning bodies
in the metallic space.

Blank faces
climb aboard.

Metallic serpent:
you pierce the skin
of the city.

Police force,
protective helmets,
fluorescent vests,
gray uniforms.

The women who clean,
the ones who protect
the corners,
the ones who cook.

Seated within
the metallic serpent,
we pierce the skin
of the city.

Το δέρμα της πόλης
Το τρίξιμο του μετάλλου
είναι μάρτυρας των
σκέψεων,
αεράκι σιωπηλό.

Ανάμεσα σε μηχανές
ακούγεται
ένα κελάηδημα ταραγμένο.

Η βρεγμένη γη
είναι ο δρόμος.

Δονούνται δυο κόσμοι,
χτυπούν δυο καρδιές.

Τα καρδιοχτύπια των άλλων
σιωπηλά παρατηρώ.

Κορμιά του πρωινού
στον μεταλλικό χώρο.

Ματιές χαμένες
πλησιάζουν.

Μεταλλικό φίδι,
διασχίζεις το δέρμα
της πόλης.

Αστυνομία,
κράνη προστατευτικά,
γιλέκα που φωσφορίζουν
γκρι στολές.

Κείνες που καθαρίζουν,
κείνες που προστατεύουν
κείνες τις γωνιές,
κείνες που μαγειρεύουν.

Πάμε καβάλα
στο μεταλλικό φίδι,
διασχίζουμε το δέρμα
της πόλης.

The Abyss

Aquatic poisoning,
in dense waters,
profound currents,
the abyss expands.

Water from Fukushima,
chaotic force,
remnants of the fatal bloodletting
in your wake.

Lethal underwater rivers.
American shores
bleed boiling
radioactive liquids.

Άβυσσος

Υδρόβια δηλητηρίαση
σε άπατα νερά,
βαθιά ρεύματα,
η άβυσσος επεκτείνεται.

Νερό απ' την Φουκουσίμα,
δύναμη χαοτική,
στα βήματά σου το ίχνος
της μοιραίας αιματοχυσίας.

Θανατηφόρα ποτάμια υποβρύχια.
Ακτές αμερικάνικες
εκπέμπουν βραστά
ρεύματα ραδιενεργά.

Violent Speech

Land of immigrants,
in this place
hatred flows.

Evil desires embodied,
hateful outbursts personified,
violent speech spreads.

Where is the promised land?
Where is diversity celebrated?
Where did freedom go?

Once difference is perceived,
painful thoughts
thrust forth.

Βίαιες ομιλίες

Γη μεταναστών
το μίσος ρέει
σ' αυτό το μέρος.

Ενσαρκωμένες οι κακές επιθυμίες,
προσωποποιημένα τα ξεσπάσματα μίσους
πηγάζουν οι βίαιες ομιλίες.

Πού είναι η γη της επαγγελίας;
Πού γιορτάζεται η ποικιλία;
Πού πήγε η ελευθερία;

Μόλις φανεί η διαφορά
οι πονεμένες σκέψεις
σπρώχνουν.

Collector of Words

I am a collector
of words
beneath a deluge
of stars.

The sky sings light,
umbrellas break
with the storm.

I carry with me
sounds and shooting stars.

I collect the light
from the tables
with the empty plates.

I see a woman
lost
in the distance.

I am a collector
of images
and suffering.

I create my
private gallery on
these pages.

Συλλέκτρια λέξεων

Είμαι συλλέκτρια
λέξεων
κάτω από μια βροχή
αστεριών.

Ο ουρανός τραγουδά φως,
η ομπρέλα σπάει
με την καταιγίδα.

Άστρα και ήχους
κουβαλώ μαζί μου.

Ξαναπαίρνω το φως
απ' τα τραπέζια
με τ' άδεια πιάτα.

Βλέπω μια γυναίκα
χαμένη
από μακριά.

Είμαι συλλέκτρια
εικόνων
και βασάνων.

Δημιουργώ την προσωπική μου
γκαλερί σ'
αυτές τις σελίδες.

Mare

Irrepressible mare races
in the meadow
of my memory.

Wild fields
of tall grasses
stroke her flanks.

Her fiery mane
is unsettled by
southern winds.

Ochre images
entangled with light
and constant rhythm.

The empty trail
encounters solitude
on the boundless
twisted paths.

Time: fly away
and unleash your fury!

Φοράδα

Αδάμαστη φοράδα τρέχει
στα χωράφια
της μνήμης.

Λιβάδια άγρια
με ψηλό χορτάρι
αγγίζουν την κοιλιά της.

Οι γλώσσες της φωτιάς
ανταριάζονται με
τον άνεμο του νότου.

Εικόνες σε ώχρα
μπλεγμένες με φως
και σταθερό ρυθμό.

Το άδειο μονοπάτι
βρίσκει μοναξιά
στους ατελείωτους δρόμους
τους μπερδεμένους.

Καιρέ, πέτα
και τη μανία διάλυσε!

Red Teardrop

Translucent image of the day.
All-enveloping emerald air,
amber dissects the mist.

It bites the jade morning.

Wingbeats vibrate from
the heart of the thicket.
They shake the painful core.

A cherry frees itself
from the abundant branches.
A red teardrop trickles down.

Κόκκινο δάκρυ

Διάφανη εικόνα της μέρας.
Πράσινο τυλιγμένο στον αέρα,
το κεχριμπάρι την ομίχλη σχίζει.

Δαγκώνει το πρωινό από νεφρίτη.

Το φτεροκόπημα δονείται
απ' την καρδιά του χαμόδεντρου.
Κλονίζει το πονεμένο κέντρο.

Ένα κεράσι αποχωρίζεται
απ' τα πυκνά κλαδιά.
Γλιστρά ένα κόκκινο δάκρυ.

Leave Your Trace

Fly, women, through time.
Leave your trace upon the paper.

Embrace my fingers
with your melody.

My eyes lose you,
the distance grows.

I don't want to forget
the words that form
your bodies.

I don't want you to
fade from memory.

Fly, women, through time.
Let your voices be heard.

A cloistered archive.
A melancholy musical note.

Poetry, do not forget these women.
Do not let them dissolve
into the water.

Αφήστε το σημάδι σας

Πετάξτε, γυναίκες, μες στο χρόνο
αφήστε το σημάδι σας στο χαρτί.

Αγκαλιάστε τα δάχτυλά μου
με την μελωδία τους.

Τα μάτια σας χάνουν,
η απόσταση μεγαλώνει.

Δε θέλω να αγνοήσω
τις λέξεις που σχηματίζουν
τα κορμιά σας.

Δε θέλω να
ξεθωριάσουν απ' τη μνήμη.

Πετάξτε, γυναίκες, μες στο χρόνο.
Ν' ακουστούν οι φωνές σας.

Ένας φάκελος αρχειοθετημένος.
Μια λυπητερή νότα ηχεί.

Ποίηση, μην τις ξεχνάς,
να μην διαλυθούν
με το νερό.

Damaged Time

Intensity in my steps,
today with no future.

Ephemeral essences surround me,
swirls of smoke.

Could it be the storm that
should guide my journey?

Or the vital force,
liquid heartbeat, that should
fill these hours?

One minute, cherished memory,
today with no future.

There is no anguish,
only harsh reality
on the horizon.

There is no pain in
this consciousness.

Unequivocal reality hounds me.
The hours reverberate.

My heart pumps out
finiteness and the present.

A pitcher of water,
that is life.

Broken, it spills water
onto the ground.

Evaporated water:
sing with the rain.

A final flower opens
before my eyes.

There is no pain,
only damaged time.

Χρόνος πληγωμένος

Ένταση στα βήματα,
σήμερα δίχως ένα αύριο.

Εφήμερη ουσία περικυκλώνει,
φιγούρες καπνού.

Είναι τάχα η καταιγίδα κείνη
που πρέπει να μου δείξει το δρόμο μου;

Ω, η ζωτική δύναμη,
παλμός υγρός, που πρέπει
να γεμίσει αυτές τις ώρες;

Ένα λεπτό, πολύτιμη μνήμη,
σήμερα δίχως ένα αύριο.

Δεν υπάρχει αγωνία,
μόνο σκληρή πραγματικότητα
στον ορίζοντα.

Δεν υπάρχει πόνος στη
συνείδηση αυτή.

Απόλυτη πραγματικότητα με καταδιώκει.
Οι ώρες αντηχούν.

Η καρδιά αντλεί
το περατό και το παρόν.

Καντάρι με νερό
είναι η ζωή.

Σπασμένο, το νερό τρέχει
στη γη.

Νερό που εξατμίζεται,
τραγουδά με τη βροχή.

Ένα ακόμη λουλούδι ανοίγει
μπρος στα μάτια μου.

Δεν υπάρχει πόνος
μόνο χρόνος πληγωμένος.

Lilac Is My Shadow

Sunlight penetrates the leaves
along the lilac trail.

Tropical melody concealed
in the canopy of beech trees.

The leaves turn into
untamed flight.

Peaceful early morning,
chaos stirs within.

It surrounds this bubble
protected by roots.

The times I inhabit
are inconsistent
with these.

There is, on the streets,
no innocence.

Asphalt roads
stalk passersby.

Monsters are unleashed
from the shadows.

I escape to imbibe
the chirping of the last birds.

Lilac is my shadow,
the roots become entangled

with my golden footsteps.
Infinite winding road.

Μενεξεδιά είναι η σκιά μου

Απ' τα μενεξεδιά μονοπάτια
οι ακτίνες διαπερνούν τα φύλλα.

Κρυμμένο τροπικό τραγούδι
στις κορφές της οξιάς.

Τα φύλλα γέρνουν
ξέφρενη πτήση.

Σ' αυτή την πρωινή ειρήνη
μετατοπίζεται το χάος.

Περικυκλώνει αυτή τη σφαίρα
που προστατεύεται από ρίζες.

Είναι άλλοι καιροί
αυτοί που συνυπάρχουν
με μένα.

Δεν υπάρχει αθωότητα
στους δρόμους.

Οι ασφαλτόδρομοι
τους περαστικούς παραμονεύουν.

Τα τέρατα απ' τις ντουλάπες
λευτερώνονται.

Ξεφεύγω για ν' αναπνεύσω
το κελάηδημα των τελευταίων πουλιών.

Μενεξεδιά είναι η σκιά μου,
οι ρίζες μπλέκονται

με τα χρυσαφιά μου βήματα.
Ατελείωτος δρόμος στριφογυριστός.

Nights of Mud and Fallen Leaves

A barking sound mingles
with the tropical birdsong.

Flowers filled
with shades of red
spill over.

The sky is illuminated
by sizzling light.

Abrupt awakening,
violent solitude.

Suffocating humidity
floods my nostrils.

Heavy breath
is the rhythm of this
suffering city.

Lives lacerated
on nights
of mud
and fallen leaves.

Flashes of fiery light!

Flow, void.

Reach
the surface of
the moon.

Topple
the gates
of hell.

Νύχτες με λάσπη και ξερόφυλλα

Ένα γάβγισμα μπλέκεται
με το τροπικό κελάηδημα.

Λουλούδια γεμάτα
τόνους του κόκκινου
ξεχειλίζουν.

Ο ουρανός φωτίζεται
με τολμηρό φως.

Ξύπνημα απότομο,
βίαιη μοναξιά.

Υγρασία πνιγηρή
γεμίζει τα ρουθούνια μου.

Μια τραχιά αναπνοή
είναι ο ρυθμός αυτής
της πονεμένης πόλης.

Ζωές κομματιασμένες
σε νύχτες
με λάσπη
και ξερόφυλλα.

Λάμψεις που καίνε!

Ρέε, κενό.

Φτάσε
την επιφάνεια
του φεγγαριού.

Σπάσε
τις πόρτες
της κολάσεως.

Xánath Caraza es viajera, educadora, poeta, narradora y traductora. Enseña en la Universidad de Missouri-Kansas City. Escribe para *Seattle Escribe, La Bloga, Smithsonian Latino Center* y *Revista Literaria Monolito*. Es *Writer-in-Residence* en Westchester Community College, Nueva York desde 2016. En 2018 recibió de los International Latino Book Awards primer lugar en la categoría: "Mejor libro de poesía en español por un autor" por su poemario *Lágrima roja* y primer lugar en la categoría: "Mejor libro de poesía bilingüe por un autor" por su poemario *Sin preámbulos*. Su poemario *Sílabas de viento* recibió el 2015 International Book Award de poesía. También recibió mención de honor como mejor libro de poesía en español por los International Latino Book Awards de 2015. En 2014 recibió la Beca Nebrija para Creadores del Instituto Franklin, Universidad de Alcalá de Henares en España. En 2013 fue nombrada número uno de los diez mejores autores latinos para leer por LatinoStories.com. Sus poemarios *Donde la luz es violeta, Tinta negra, Ocelocíhuatl, Conjuro* y su colección de relatos *Lo que trae la marea* han recibido reconocimientos nacionales e internacionales. Sus otros poemarios son *Hudson, Le sillabe del vento, Noche de colibríes, Corazón pintado* y su segunda colección de relatos, *Metztli*. Ha sido traducida al inglés, italiano, rumano y griego. Ha sido parcialmente traducida al náhuatl, portugués, hindi y turco. Caraza es juez desde 2013 para los José Martí Publishing Awards, The National Association of Hispanic Publications (NAHP).

Xanath Caraza είναι ταξιδιώτισσα, εκπαιδευτικός, ποιήτρια και αφηγήτρια. Διδάσκει στο πανεπιστήμιο του Μισούρι στο Κανσας Σιτυ. Γράφει για την Μπλογκα, στο λατινικό Σμιθοσονιαν κέντρο και για το λογοτεχνικό περιοδικό Μονολιτο (*La Bloga, Smithsonian Latino Center y Revista Literaria Monolito)*. Είναι *writer in residence* στο κολέγιο Γουοτσεστερ της Νέας Υόρκης 2016. Η Caraza υπήρξε συντελεστής προσκεκλημένη του κέντρου σπουδών και πληροφόρησης του πολιτισμού των Αρμενίων στη Βενετία της Ιταλίας το καλοκαίρι του 2017. Το 2014 της χορηγήθηκε η υποτροφία Νεβριχα για τους δημιουργούς του ινστιτούτου Φρανκλιν στο πανεπιστήμιο Αλκαλα ντε Εναρες στην Ισπανία. Το 2013 κατέκτησε την πρώτη θέση απο τις δέκα καλύτερες λατίνους συγγραφείς απο το Latino stories.com. Το ποίημα *Συλλαβές του ανέμου/ Sílabas de viento* κέρδισε το 2015 το παγκόσμιο βραβείο ποίησης. Το ποίημα Μαύρη Μελάνη/*Tinta Negra, Ocelocihuatl, Conjuro* και η συλλογή διηγημάτων *Αυτό που φέρνει η παλίρροια / Lo que trae la marea* δέχτηκαν διακρίσεις σε εθνικό και παγκόσμιο επίπεδο. Αλλα της ποιήματα είναι το *Hudson*, το *Κόκκινο δάκρυ/Lágrima roja, Η συλλαβή του ανέμου/ Sílabas de viento, Δίχως προοίμιο/Sin preámbulos , Οπου το φώς είναι μενεξεδένιο/Donde la luz es violeta, Νύχτα των κολιμπρι/Noche de colibríes, Καρδιά ζωγραφισμένη/ Corazón pintado*, και η δεύτερη εκδόση της συλλογής διηγημάτων *Metztli* είναι σε εξέλιξη. Τα έργα της είναι μεταφρασμένα στα αγγλικά, ιταλικά και ελληνικά και μερικά στα πορτογαλικά, ινδικά, τούρκικα, ρουμάνικα και nahualt.

Title: Red Teardrop
Author: Xanath Caraza
Cover image: Miguel López Lemus
Cover design: Miguel López Lemus.
Editor: Miguel López Lemus (Editorial Pandora Lobo Estepario Productions)

About the cover image

Title: 1492
Author: Miguel López Lemus.
Size: 8x10
Medium: Watercolor and Gouche on acid free paper

Pandora Lobo Estepario Productions Publications

- **Cantología I** (Anthology)
- **Noche de Colibríes** by Xanath Caraza,
- **The Rhythm of Every Day Things** by Sandra Santiago,
- **The Lost Letters of Mileva** by M. Miranda Maloney,
- **Poems and Photographs 2004** by Kalina Fleming Lopez,
- **Unveiling the Mind by Beatriz** Badikian-Gartler,
- **Chiaroscuro** by Álvaro Torres-Calderón,
- **Body Maps** by Elga Rategui Zumaeta,
- **Corazón Pintado** by Xanath Caraza (2015)
- **ENTROPÍA versus ARMONÍA** "Memoria del Éter"/ ENTROPHY versus HARMONY "Memory of the Ether" by Ivonne Sánchez Barea. (2015)
- **Aunque la nieve caiga de repente** by Jorge García de la Fe (2015)
- **Cielo de Magnolias, cielo de silencios** by Olivia Maciel Edelman (2015)
- **Tinta negra/Black Ink** by Xánath Caraza, translated by Sandra Kingery. (2016)
- **Dreaming Rhythms, Despertando silencios** by Carmen Bardeguez-Brown (2016)
- **Mantras para bailar** de Álvaro Hernando. (2016)
- **Corazon de hojalata/Tin Heart** by Margarita Saona (2017)
- **Mar en los huesos** de Juana Iris Goergen (2017)
- **El cuaderno del pendolista** de Federico Palomera Güez (2017)
- **De los peces la Sed** de Silvia Goldman (2018)
- **Chicago Express** de Álvaro Hernando. (2018)
- **Balamku** de Xanath Caraza (2019)
- **Tinta Negra Μαύρη μελάνη** de Xanath Caraza (2019)
- **Relatos Diplomáticos** de Dixon Acosta Medellín (2019)
- **Tiempo Eterno/Timeless** de Rosalba Henao (2020)
- **Ejercicio en la oscuridad/An exercise in the darkness** de Xanath Caraza (2021)
- **Cracked Spaces** by M. Miranda Maloney (2021)

Publisher/Editor

Pandora Lobo Estepario Productions
Kapra Fleming-Miguel López Lemus
http://www.loboestepario.com/press
Chicago/Oaxaca

2022

www.ingramcontent.com/pod-product-compliance
Lightning Source LLC
Chambersburg PA
CBHW071721040426
42446CB00011B/2165